DIE 10 GRÖSSTEN FEHLER NEUER FÜHRUNGSKRÄFTE

von Martin Schmidt

Impressum/Disclaimer

Cover-Gestaltung: Martin Schmidt

Lektorat: Sabine Schmidt

Hinweis: Die Inhalte dieses Buches wurden mit größter Sorgfalt erstellt. Für die Richtigkeit, Vollständigkeit und Aktualität der Inhalte können wir jedoch keine Gewähr übernehmen. Dieses Buch enthält Links zu externen Webseiten Dritter, auf deren Inhalte wir keinen Einfluss haben. Deshalb können wir für diese fremden Inhalte auch keine Gewähr übernehmen. Für die Inhalte der verlinkten Seiten ist stets der jeweilige Betreiber oder Anbieter der Seiten verantwortlich. Die verlinkten Seiten wurden zum Zeitpunkt der Verlinkung auf mögliche Rechtsverstöße überprüft. Rechtswidrige Inhalte waren zum Zeitpunkt der Verlinkung nicht erkennbar. Eine permanente inhaltliche Kontrolle der verlinkten Seiten ist jedoch ohne konkrete Anhaltspunkte einer Rechtsverletzung nicht zumutbar. Bei Bekanntwerden von Rechtsverletzungen werden wir derartige Links umgehend entfernen.

Über den Autor

Martin Schmidt wurde 1974 geboren und lebt in Wien. Nach mehr als 15 Jahren in unterschiedlichen Führungspositionen im Marketing, Vertrieb und Service in Österreich und Deutschland und dem Betrieb eines Weiterbildungsinstitutes arbeitet er derzeit als Trainer und Coach und beschäftigt sich in erster Linie mit dem Thema Führung speziell für neue Führungskräfte.

Fokusgruppe Führung auf Facebook

Als Autor, Trainer und Coach ist mir der **Austausch mit anderen Personen**, die sich ebenfalls für das **Thema Führung** interessieren, extrem wichtig.

Aus diesem Grund habe ich die **Facebook Gruppe „Fokusgruppe Führung“** gegründet.

In dieser Gruppe kannst Du Dich **mit anderen Gruppen-Mitgliedern konstruktiv austauschen**, die in der gleichen Situation wie Du sind und daher auch **die gleichen Fragen, Sorgen und Probleme wie Du** haben.

Zusätzlich erhältst Du regelmäßig **Tipps & Tricks, best-practise-Beispiele und Insidertipps von namhaften Führungsexperten.**

Hier kannst Du Dich gleich anmelden:

https://www.facebook.com/groups/fokusgruppefuehrung/

Bis bald auf Facebook!

Vorwort

Ich habe im Laufe meines Lebens schon ein paar Führungsjobs gehabt. Den ersten mit 25 Jahren, indem ich einfach innerhalb der Abteilung als Fachkraft ausgewählt wurde, den Job zu übernehmen, nachdem unser bisheriger Chef einen neuen Job angenommen hat.

Dabei habe ich alle Fehler gemacht, die man so in einem Job nur machen kann. Wie hätte ich mir damals gewünscht, einen Plan, sozusagen eine Art Gebrauchsanleitung bei der Hand zu haben, wie man in so einem Fall vorgeht.

Fast 20 Jahre später dachte ich mir, es ist an der Zeit, mit meinem Wissen, das ich in der Zwischenzeit in diesem Bereich aufgebaut habe, einen entsprechenden Plan zu erstellen. Herausgekommen ist dabei diese Auflistung der 10 größten Fehler neuer Führungskräfte, von denen ich mindestens alle 10 gemacht habe. Außerdem sozusagen als Bonus-Track ein Projektplan, wie Du die ersten 100 Tage angehen kannst, den Du Dir unter http://www.martin-schmidt.at/projektplan/ herunterladen kannst.

Die Zusammenarbeit mit anderen Menschen und die Verantwortung, die damit einhergeht, ist mit Abstand die interessanteste und aufregendste Erfahrung, die ich in meinem Leben gemacht habe.

Ich wünsche Dir dabei genau so viel Spaß, Aufregung, Spannung und Abwechslung, wie ich sie bei meinen Jobs als Führungskraft hatte.

Viel Freude beim Lesen dieser anregenden Lektüre!

Inhaltsverzeichnis

Fehler #1: Du weißt nicht, was Dein Chef von Dir erwartet!

Im Grunde genommen ist es ja so: Du arbeitest zwar für ein Unternehmen, doch in Wahrheit arbeitest Du nur für eine Person – Deinen direkten Vorgesetzten.

Ich habe schon von so vielen Leuten gehört, die in tollen Unternehmen mit allen möglichen Sozialleistungen und tollem Gehalt gearbeitet haben und sich dort trotzdem nicht wohlgefühlt haben, weil ihr Chef ein Arschloch oder eine schwache Persönlichkeit war oder sich schlicht und einfach nicht an Vereinbarungen hielt.

Es steht und fällt fast alles mit dieser einen Person. In gewisser Weise muss man das wohl auch so hinnehmen, auch wenn es natürlich immer wieder Möglichkeiten gibt, die Zusammenarbeit zu verbessern oder in einen anderen Bereich zu wechseln.

Doch die erste Maßnahme, die Du in der Zusammenarbeit mit Deinem Vorgesetzten besprechen solltest, um erst gar nicht in diese Misere zu kommen, ist schlicht und einfach einmal abzuklären, was überhaupt von Dir erwartet wird.

Wenn Du einmal weißt, was von Dir erwartet wird, dann ist auch schon einmal eine Art Landkarte vorgezeichnet, auf der Du Dich bewegen kannst.

Bildlich gesprochen weißt Du dann, auf welche Länder und Orte Du Dich zubewegen sollst, kannst aber immer noch entscheiden, auf welchen Wegen und Straßen und mit welchen Verkehrsmitteln Du Dich dort hin begibst.

Eine Deiner allerersten Aufgaben sollte somit sein, Deinen Vorgesetzten um ein Gespräch zu bitten und in diesem Gespräch genau diese Erwartungen abzuklären.

In diesem Gespräch solltest Du zumindest die folgenden Fragen stellen:

- Was sollte in den ersten 100 Tagen alles passieren, damit Sie der Meinung sind, dass ich der Richtige für diesen Job bin?
- Was ist mein konkreter Auftrag?
- Was sind meine wichtigsten Aufgaben?
- Was sind meine Ziele?
- Was ist Ihnen persönlich in der Zusammenarbeit wichtig?
- Was läuft bereits sehr gut in meinem Bereich?
- Was läuft weniger gut und braucht daher meine verstärkte Aufmerksamkeit?
- Wer könnte mir kritisch gegenüber stehen und warum?
- Haben Sie einen Tipp, wie ich diese Personen ins Boot holen könnte?

- Gibt es Dinge über meinen Vorgänger, die ich wissen sollte, um eventuell nicht die gleichen Fehler zu wiederholen?
- Wie oft und in welcher Form möchten sie von mir Informationen und Rückmeldungen?
- Sollen wir ein regelmäßiges Treffen vereinbaren oder ist es Ihnen lieber, ich melde mich nur, wenn es relevante Neuigkeiten für Sie gibt?
- Welche Reportings halten Sie für wichtig?
- Gibt es ein bestehendes Reporting-System, dass ich in gleicher oder ähnlicher Form fortführen soll?
- Welche wichtigen strategischen Entwicklungen kommen aus Ihrer Sicht in den nächsten Monaten oder Jahren auf uns zu und wie kann ich mich darauf vorbereiten?

Aber Vorsicht! Du musst und sollst jetzt natürlich nicht Deinen Chef gleich im ersten Gespräch mit all diesen Fragen löchern. Ein wenig Bauchgefühl ist natürlich schon erforderlich, um zu erkennen, wann Fragen angebracht sind und wann man es besser lassen sollte.

Die Fragen nach dem konkreten Auftrag, den Aufgaben und den Zielen sollten natürlich so schnell wie möglich geklärt werden, alles andere kann auch ein paar Tage oder manchmal sogar ein paar Wochen warten.

Es kommt natürlich auch immer ganz darauf an, was für ein Typ Dein Chef ist.

Ist er eher der organisierte Typ oder liebt er das kreative Chaos?

Beim Organisationsfreak solltest Du

- eine gewisse Sorgfalt an den Tag legen,
- nach Möglichkeit immer pünktlich sein,
- mit Zahlen, Daten und Fakten argumentieren und
- auch auf die korrekte Form von Präsentationen und Reports achten.

Der Chaot dagegen hat es wahrscheinlich lieber, wenn Du

- Erfolgsgeschichten erzählst,
- ihn mit Innovationen überrascht,
- von Visionen in einer eher bildlichen Sprache erzählst und
- ihn nicht mit der täglichen Routine oder Reports langweilst.

Steht er auf die Nähe zu anderen Leuten (harmonieorientiert) oder ist er ein Eiszapfen (distanziert)?

Beim Eiszapfen solltest Du

- selbst eine gewisse Härte und Selbstdisziplin zeigen,
- nicht zu viel Lob erwarten,
- kein Schwätzchen oder Smalltalk von selbst starten und
- eine deutliche, klare, eher sachliche und wenig emotionale Sprache wählen.

Der Harmonie-Typ schätzt es dagegen wohl eher, wenn Du

- ihn auch einmal lobst,
- Deine Konflikte selbst klärst und nicht damit zu ihm kommst,
- auch zwischendurch einmal auf ein Schwätzchen vorbeischaust, selbst wenn Du nichts von ihm brauchst und

- nicht zu förmlich bist, sondern auch einmal aus dem Herz agierst.

Schließlich solltest Du Dir auch noch im Klaren darüber sein, dass Dein Chef so wie Du selbst meistens auch nicht komplett unabhängig agieren kann, sondern auch wieder mit anderen Menschen zusammenarbeitet und selbst einen Vorgesetzten hat, dem er Rechenschaft ablegen muss.

Jeder im Unternehmen hat wirtschaftliche, organisatorische und auch menschliche Abhängigkeiten. Überlege Dir also, wo seine Abhängigkeiten liegen und versuche, Deinen wertvollen Beitrag zu leisten, damit auch er erhobenen Hauptes von Erfolgen berichten kann. Das kommt in weiterer Folge natürlich auch wieder Dir zu Gute, weil er dann auch weiß, dass er sich auf Dich verlassen kann.

Verstehe mich nicht falsch: es geht hier keineswegs um blinden Gehorsam oder Arschkriecherei. Aber Du kannst dennoch in regelmäßigen Abständen fragen, wie Du bei Themen, die vielleicht nicht unbedingt zu Deinem Kernbereich gehören, helfen oder mitwirken könntest.

Vielleicht verstehst Du dich ja beispielsweise mit dem Betriebsrat ganz gut, während er schon rot anläuft, wenn nur eine Mail im Posteingang von ihm zu finden ist. In diesem Fall könntest Du ihm ja anbieten, Dich verstärkt auf die Zusammenarbeit zu konzentrieren, um ihm dabei den Rücken freizuhalten.

Aber Vorsicht: Du solltest natürlich nicht den Eindruck erwecken, als würdest Du seine Kompetenzen in Frage stellen. Dann kann dieser Schuss nämlich schnell nach hinten losgehen.

Also, noch einmal zusammengefasst:

- Kläre die Erwartungen ab!
- Überlege Dir, was Dein Chef für ein Typ ist!
- Analysiere, in welchem geschäftlichen Umfeld er sich selbst bewegt!

Fehler #2: Du weißt nicht, was Deine Mitarbeiter von Dir erwarten!

Nachdem Du nun geklärt hast, was dein Vorgesetzter von Dir erwartet, ist es nun an der Zeit, den eigenen Mitarbeitern den Blick zuzuwenden. Denn vor lauter Erwartungserfüllung Deinem Chef gegenüber solltest Du nicht vergessen, dass Du in erster Linie dazu da bist, ein Team zu führen.

Diese Aufgabe kannst Du nur dann erfüllen, wenn Du auch genau weißt, was dieses Team, und zwar jeder einzelne von Dir erwartet.

Es gilt also auch hier wieder, genau zu analysieren, um letztendlich typgerecht führen zu können.

Natürlich gibt es immer wiederkehrende Faktoren, die fast auf jedes Team zutreffen. Hier ein paar Fragen für erste Anhaltspunkte:

- **Wissen Deine Mitarbeiter, was von Ihnen erwartet wird?**
  Diese Frage klingt banal, aber genau hier kann man oft die größten Überraschungen erleben. Sprich doch die Leute einmal auf ihren klaren Arbeitsauftrag an und Du wirst Deine blauen Wunder erleben. Es ist also wichtig, genau diesen Arbeitsauftrag zu definieren und auch zu kommunizieren.

- **Haben Deine Mitarbeiter alles, um ihre Arbeit gut ausführen zu können?**
  Du glaubst nicht, wie wichtig und somit auch motivationsentscheidend die richtige Umgebung und das richtige Werkzeug ist. Frage Deine Mitarbeiter also konkret danach, ob sie für die Erledigung ihrer Arbeit alles haben oder ob sie noch etwas benötigen. Es geht hier nicht um ein „Wünsch-Dir-was-Spiel", aber das ist auch eine gute Gelegenheit, um kleine Unzufriedenheitsfaktoren schnell zu beseitigen.

- **Ist jeder Deiner Mitarbeiter dort eingesetzt, wo er sich am wohlsten fühlt und seine Stärken am ehesten zur Geltung bringen kann?**
  Was man gerne macht, macht man auch gut. Das ist eine alte Weisheit. Dennoch wird erstaunlich oft genau in die gegenteilige Richtung gearbeitet und Menschen genau dort eingesetzt, wo sie am wenigsten nützlich sind. Was passiert? Die Mitarbeiter verlieren ihr Selbstvertrauen und in weiterer Folge ihre Motivation. Frage Deine Leute also auch, ob sie sich in ihrer derzeitigen Position gut aufgehoben fühlen oder es vielleicht andere Tätigkeitsbereiche gibt, die ihnen mehr liegen würden.

Auch hier geht es nicht darum, allen nach der Pfeife zu tanzen, aber oft ergibt sich schon aus dieser Frage eine Entwicklungs- und Förderungsmöglichkeit für den Mitarbeiter.

- **Wurden Deine Mitarbeiter in der Vergangenheit für Ihre Arbeit oft genug gelobt?**
  Ich bin mir bewusst, dass diese Frage in unseren Breitengraden im ersten Moment lächerlich klingt, weil wir hier in Mitteleuropa einfach keine positive Feedback-Kultur haben. Feedback gibt es immer nur, wenn etwas nicht passt, ansonsten herrscht Schweigen im Wald. Aber denke doch einfach nur einmal über Dich selbst nach? Wie geht es Dir denn, wenn Dir jemand sagt, dass Du etwas toll gemacht hast? Wenn Du ähnlich tickst wie ich, wird Dein Selbstvertrauen stark angestiegen sein und Du hast Dich hochmotiviert ans Werk gemacht. Natürlich ist das keine Frage, die Du Deinen Mitarbeitern direkt stellen solltest, sondern eher etwas, dem Du auf den Zahn fühlen kannst und vor allem – unabhängig davon, ob es bisher gut funktioniert hat oder nicht – ab sofort besser machen kannst.

- **Werde ich in der Arbeit als Mensch oder nur als Ressource wahrgenommen?**
  In vielen Unternehmen ist es immer noch so, dass Menschen jahrelang miteinander zusammenarbeiten und nicht einmal wissen, ob der Kollege oder die Kollegin verheiratet ist oder Kinder hat, geschweige denn, welche privaten Interessen oder Hobbies jemand hat. Es ist wichtig, dass Du Dich für Deine Leute interessierst und auch den Menschen wahrnimmst. Zum

einen, weil das ein wichtiger Anerkennungsfaktor für jeden einzelnen ist und zum anderen, weil Du dadurch auch die „Motivationsschrauben" Deiner Leute besser kennenlernst. Einem Mitarbeiter machst Du vielleicht mehr Freude damit, wenn er einmal früher heimgehen darf, jemand anderer hat vielleicht mehr Spaß daran, wenn er in der Früh flexible Beginnzeiten hat. Schreibe Dir solche Kleinigkeiten in einem Notizbuch auf oder notiere sie irgendwo auf Deinem Handy. Sprich Deine Mitarbeiter bewusst in regelmäßigen Abständen auf solche Dinge an. Vielleicht hast Du selbst einmal Deinem Chef etwas Privates erzählt, wie beispielsweise, dass Dein Sohn eine Lernschwäche hat und vielleicht nicht in die nächste Klasse aufsteigen kann. Wie würdest Du Dich fühlen, wenn er Dich zwei Monate später genau darauf wieder anspricht und fragt, wie es Deinem Sohn denn nun in der Schule geht? Da fühlt man sich doch gleich viel wertgeschätzter...

- **Kann ich mich weiterentwickeln und werde ich dabei auch entsprechend unterstützt?**
  Viele Führungskräfte beantworten diese Frage damit, dass es für solche Zwecke ohnehin die Personalabteilung oder ein internes Weiterentwicklungsprogramm gibt. Aber das ist leider falsch. Denn dabei handelt es sich nur um Werkzeuge, die von jemandem bedient werden müssen. Dieser Jemand bist Du. Du musst die Stärken und Schwächen Deiner Mitarbeiter genau kennen und wissen, welche Weiterbildungsmaßnahme die richtige ist. Und Du musst sie Deinem Mitarbeiter so verkaufen, dass er auch selbst der Meinung ist, sich damit weiterzuentwickeln. Die Weiterentwicklung von Mitarbeitern ist ein großes Wertschätzungsthema, denn

damit sendest Du an Deine Leute das Zeichen aus, dass Dir nicht nur die Zusammenarbeit in der Gegenwart, sondern auch die Zukunft wichtig ist. Hier geht es vor allem auch darum, mit den Mitarbeitern regelmäßig über ihren Fortschritt zu sprechen. Das ist etwas, das im Tagesgeschäft fast immer zu kurz kommt, daher ist es meistens erforderlich, solche Dinge in einem eigens dafür anberaumten Termin zu besprechen.

- **Ist meine Meinung in meinem Team etwas wert?** Wenn Deine Leute den Eindruck haben, dass es egal ist, was sie denken und ihnen ohnehin nie zugehört wird, dann ist das extrem demotivierend. Wenn es im Gegensatz dazu die Möglichkeit gibt, seine Meinung zu unterschiedlichen Themen äußern zu können und dabei auch noch der Eindruck vorherrscht, dass diese Meinung von Bedeutung ist und in Unternehmensentscheidungen berücksichtigt wird, dann fühlt man sich natürlich auch ernstgenommen. Frag Deine Leute also immer wieder nach ihrer Meinung zu unterschiedlichen Themen und mach es nicht nur, weil es sich so gehört, sondern nütze diese Meinungen auch für Deine eigene Entscheidungsfindung. Deine Leute sind ein wertvoller Pool vollgefüllt mit den unterschiedlichsten Kompetenzen.

- Bin ich beliebt im Team und habe ich Freunde im Team? Auch hier müssen wir mit unserer Mitteleuropäer-Mentalität wieder ein wenig aufpassen, denn die vorherrschende Denke ist immer noch: Dienst ist Dienst und Schnaps ist Schnaps. Aber das ist natürlich nicht die Wahrheit. Denn wenn ich mich in meinem Team nicht wohlfühle und nicht den Eindruck habe, dass ich wertgeschätzt und gemocht werde, dann bin ich auch emotional weder mit dem Team noch mit dem Unternehmen insgesamt verhaftet. Eine gute Teamatmosphäre ist daher einer der entscheidenden Erfolgsfaktoren. Gehe hier keine Kompromisse ein. Wenn Du zu einem Team kommst, in dem die Stimmung vergiftet ist, dann gehe den Dingen auf den Grund und versuche, die Ursachen für diese schlechte Atmosphäre so schnell wie möglich zu beseitigen. Mache allen von Anfang an klar, dass Dir ein freundschaftliches und offenes Miteinander im Team wichtig ist.

Du wirst es erkannt haben: mein Appell an Dich ist, dass Du mit Deinen Leuten redest. Es gibt mittlerweile so viele Führungskräfte, die sich um ihren PC eine Excel-Burg gebaut haben und sich in ihrem Büro oder hinter ihrem Schreibtisch verstecken. Das kann eine Zeit lang ganz gut funktionieren, aber langfristig wirst Du damit auf der Strecke bleiben, weil Du den emotionalen Bezug zu Deinen Leuten verlierst und sie auch entsprechend wenig loyal zu Dir sein werden, wenn es einmal gilt, schwierige Zeiten zu überstehen.

Rede also regelmäßig mit Deinen Mitarbeitern, frage sie, wie es ihnen geht, verdeutliche ihnen die Zusammenhänge im Unternehmen bei größeren Herausforderungen, biete ihnen Unterstützung an, wenn sie sie benötigen, delegiere so, dass sie verstehen, warum sie etwas für Dich erledigen sollen, sei konkret in Deinen Anweisungen und vergiss nicht auf Lob und Dank, wenn etwas zu Deiner Zufriedenheit erledigt wird.

Fehler #3: Du hast keine genauen Ziele definiert!

Gut, nun weißt Du immerhin schon, was Dein Chef und Deine Mitarbeiter von Dir erwarten. Damit bist Du schon einmal auf einem guten Weg.

Jetzt geht es darum, aus diesen Erwartungen von oben und von unten entsprechende Ziele für Dich selbst abzuleiten. Einerseits werden sich die Ziele daraus ergeben, was das Unternehmen generell beziehungsweise Dein direkter Vorgesetzter von Dir erwartet und andererseits wirst Du Dir auch noch einige Dinge vornehmen, um Deinen Mitarbeitern ein Umfeld zu schaffen, in dem sie sich wohlfühlen und ihre Arbeit gut verrichten können.

Doch natürlich sollte auch noch genügend Freiraum für Deine eigene Selbstverwirklichung übrig sein. Nun kennst Du die Ausgangssituation schon sehr gut und Du musst Dir die Frage stellen, was Du persönlich in einem bestimmten Zeitraum daraus machen möchtest.

Hier ein paar mögliche Ansätze, in welchen Bereichen Du Dir Deine eigenen persönlichen Ziele setzen könntest:

- Persönliche und fachliche Weiterentwicklung: die eigenen Skills um unterschiedliche Themen wie beispielsweise Führungskompetenz oder um bestimmte Fachkompetenzen, die für den Bereich wichtig sind, erweitern.
- Zufriedenheit: Kunden, andere Mitarbeiter, Vorgesetzte etc. sollen mit der Performance Deines Teams zufriedener sein als bisher.
- Leistungssteigerung/Leistungseffizienz: der Output Deines Teams soll größer werden bzw. soll es mit geringerem Aufwand das gleiche oder ein besseres Ergebnis erzielen.
- Kompetenzaufbau: Deine Teammitglieder sollen ihre Kompetenzen erweitern, um sich beispielsweise bei Ausfällen künftig gegenseitig besser vertreten können.

Die Liste lässt sich natürlich noch lange fortführen und ist natürlich stark abhängig von der Position, die Du übernimmst.

Wenn Du Dir nun all diese Dinge überlegt hast und weißt, was Du erreichen möchtest, hast Du schon eine etwas klarere Vorstellung. Allerdings sind das noch keine konkreten Ziele.

„Ich möchte die Effizienz meines Teams steigern!“ hört sich zwar schön an, sagt aber in Wahrheit noch nichts aus. Bis jetzt ist es nur ein Wunsch. Ein Ziel wird daraus erst, wenn Du es auch wirklich messen kannst. Denn bei allem, das ich nicht messen kann, werde ich auch nie beurteilen können, ob ich es erreicht habe oder nicht.

Spielen wir dieses Beispiel ein wenig weiter. Angenommen, Du hast gerade die Leitung eines Teams übernommen, dass für den Kundenservice in einem Unternehmen verantwortlich ist. In diesem Fall musst Du Dir die Frage stellen, anhand welcher Kriterien Du messen kannst, ob sich die Effizienz in Deinem Team verbessert.

Wichtig dabei ist auch immer, dass Du die Ausgangssituation gut analysierst und Dir überlegst, in welchem Bereich eine Verbesserung erforderlich ist.

Nehmen wir einmal an, Deine Kunden müssen im Augenblick am Telefon sehr lange warten, bis sich endlich einer Deiner Mitarbeiter meldet. Die Wartezeit beträgt derzeit durchschnittlich 30 Sekunden. Du willst nun diese Wartezeit um zumindest 5 Sekunden verkürzen.

Die einfachste Möglichkeit, die Dir einfällt, ist wahrscheinlich, Dein Team aufzustocken. Doch im Gespräch mit Deinem Vorgesetzten hast Du bereits erfahren, dass es auf keinen Fall möglich ist, neue Mitarbeiter einzustellen, da das Personalbudget der Abteilung ohnehin schon überlastet ist (mit dieser Ausgangssituation wird man als Führungskraft ohnehin fast in jeder Position konfrontiert...).

Du musst also kreativ sein und Dir andere Dinge überlegen.

Eine wichtige Kennzahl in diesem Sektor ist beispielsweise die durchschnittliche Gesprächsdauer, in der Fachsprache ist auch oft von der AHT (Average Handle Time) die Rede. Angenommen, Dein Team braucht im Durchschnitt 5 Minuten für ein Kundengespräch, dann hast Du nun schon eine gute Ausgangssituation.

Der nächste Schritt ist nun, einen bestimmten Zielwert festzulegen. Im ersten Schritt nimmst Du Dir beispielsweise vor, die durchschnittliche Gesprächsdauer um 10 Sekunden zu senken und somit eine Gesprächsdauer von 4 Minuten und 50 Sekunden zu erreichen.

Im zweiten Schritt überlegst Du Dir, bis wann Du dieses Ziel gerne erreichen möchtest und legst fest, dass Du Dir und Deinem Team dafür 6 Monate Zeit gibst.

Dein konkretes Ziel lautet nun also: „Die durchschnittliche Gesprächsdauer von Kundengesprächen meiner Mitarbeiter liegt in 6 Monaten bei maximal 4 Minuten und 50 Sekunden".

Damit ist das Ziel fertig formuliert. Natürlich reicht das noch nicht. Was noch fehlt, sind entsprechende Maßnahmen, um dieses Ziel zu erreichen. Du musst Dir also Möglichkeiten überlegen, die dazu führen können. In unserem Beispiel könntest Du für Deine Mitarbeiter entsprechende Schulungen für effiziente Gesprächsführung organisieren oder versuchen, involvierte Prozesse oder verwendete Software zu optimieren bzw. optimieren zu lassen.

In Deinem fertigen Plan sieht das dann folgendermaßen aus:

Ziel 1: Senkung der Gesprächsdauer

Die Gesprächsdauer soll innerhalb der

- nächsten 6 Monate
- um 10 Sekunden von 5:00 Minuten auf 4:50 Minuten gesenkt werden.

Maßnahmen:

- ½tägiges Seminar für alle Mitarbeiter in der Abteilung
- 1stündiges persönliches Gesprächscoaching am Telefon
- Verbesserung des Prozesses „Bestelleingabe“ durch Optimierung der Eingabemaske

Dieses „Ziel 1“ ist eigentlich ein Unterziel des übergeordneten Ziels „Wartezeit für Kunden senken“, das Du nun ebenfalls entsprechend ausformulieren kannst:

Die durchschnittliche Wartezeit für Kunden soll innerhalb der

- nächsten 6 Monate
- von 30 auf 25 Sekunden gesenkt werden.

Maßnahmen:

- Senkung der durchschnittlichen Gesprächsdauer (siehe Ziel 1)
- Senkung der Nachbearbeitungszeit pro Geschäftsfall (was ein zweites Ziel ist, das Du nun genau ausformulieren und Dir Maßnahmen dazu überlegen kannst).

Ich denke, Du weißt, worauf ich mit diesem Beispiel hinaus will: Sei genau bei der Formulierung Deiner Ziele und überlege Dir konkrete Maßnahmen dazu!

Wichtig ist aber, dass Du es nicht mit der Quantität übertreibst. Um ein altes Sprichwort zu strapazieren: Rom wurde auch nicht an einem Tag erbaut. Du bist neu in dem Job und musst nicht in den ersten Monaten alles verändern.

Nimm Dir lieber wenige Dinge vor, plane diese dafür aber ausführlich und setze sie konsequent um. Auf Deiner Roadmap für die ersten 6 Monate sollten hier auf keinen Fall mehr als 5 große Ziele, im Idealfall maximal 3 Ziele stehen.

Überlege Dir also, wo die „Big Points" zu machen sind, welche Ziele wirkliche Fortschritte bringen und Dir auch persönliche Anerkennung verschaffen können, indem Du die Erreichung dieser Ziele auch gut aufzeigen kannst.

Versuche, ein konkretes Ziel zu finden, das Du schon in den ersten 100 Tagen erreicht haben möchtest. Für alles andere kannst Du Dir ein wenig mehr Zeit geben. Du hast dann etwas, das Du als erstes Ergebnis Deiner guten Arbeit bereits nach kurzer Zeit vorweisen kannst.

Fehler #4: Du kommunizierst die Ziele nicht an die Außenwelt!

O.K., nun weißt Du also, wo die Reise in den nächsten Wochen und Monaten für Dich hingehen soll. Allerdings ist es nun auch wichtig, ein wenig Kommunikationspolitik zu betreiben. Das heißt, Du solltest Deinem Umfeld auch mitteilen, was Du vorhast.

Zunächst einmal empfiehlt es sich, mit Deiner Führungskraft noch einmal eine Runde zu drehen und Deine gesteckten Ziele zu kommunizieren und gegebenenfalls noch einmal anzupassen.

Der nächste und wohl wichtigste Schritt ist dann, Deinem Team mitzuteilen, was Du vorhast und wie Du Dir die Weiterentwicklung vorstellst. Logisch, oder? Wie sollen Dich Deine Leute denn sonst in Deinen Vorhaben unterstützen, wenn sie nicht wissen, was Du von ihnen erwartest?

Mitarbeiter sind meistens loyaler, als sich die meisten vorstellen können. Das gilt aber nur dann, wenn sie in ihren Handlungen auch einen Sinn sehen oder diesen als Beitrag begreifen, ein Ziel zu erreichen. Daher ist es wichtig, bei der Kommunikation der Ziele an Dein Team vor allem zwei Fragen zu beantworten:

- Was sind die genauen Ziele, die wir gemeinsam erreichen möchten?
- Warum ist es wichtig, genau an diesen Zielen zu arbeiten und in welchem Zusammenhang zum großen Ganzen steht die Sache?

Zunächst einmal solltest Du diese Ziele im Rahmen eines Team-Meetings präsentieren. Idealerweise gibt es bei diesem Meeting keine anderen Agendapunkte und Du hast ausreichend Zeit dafür eingeplant, auf Fragen und Einwände ausführlich zu reagieren.

Entscheidend ist aber auch noch, dass Du in einem zweiten Schritt in einem Einzelgespräch mit jedem Deiner Team-Mitglieder noch einmal darauf eingehst, was es für den jeweiligen Mitarbeiter persönlich bedeutet, an diesen Zielen zu arbeiten und was genau Deine individuellen Erwartungen an ihn oder sie sind.

Jeder Mitarbeiter ist anders und hat seine individuellen Bedürfnisse und Anforderungen und wahrscheinlich auch seine persönliche Zielausrichtung, auch wenn er das vielleicht nicht so klar kommuniziert hat. In diesem Einzelgespräch geht es genau darum: geh auf den Mitarbeiter ein und hole ihn auch dort ab, wo er gerade ist.

Es macht einen entscheidenden Unterschied, ob Du mit jemandem sprichst, der schon jahrelang in dieser Position tätig ist oder mit einem Neuankömmling, der vielleicht erst wenige Tage oder Wochen in diesem Job ist.

Neue Mitarbeiter weisen meistens ein hohes Engagement auf, haben dafür aber noch nicht die Kompetenz ihrer Kollegen, die bereits über einen längeren Zeitraum dabei sind. Daher solltest Du sie sehr stark aufgabenbezogen führen und ihnen konkrete Anweisungen geben.

Dagegen kannst Du jemandem, der schon lange im Team arbeitet, wichtige Aufgaben oder Teilaufgaben delegieren und somit auch entsprechende Verantwortung übertragen.

Die Zeiten, in denen man „den einen" Führungsstil hatte und alle über einen Kamm scherte, sind schon lange vorbei. Der passende Führungsstil ist immer von zwei Faktoren abhängig:

1. Wie tickt Dein Mitarbeiter?
2. Wie tickst Du selbst?

Der erste Teil ändert sich ständig. Beim zweiten Teil musst Du Dir grundsätzlich überlegen, welcher Typ Du bist. Genauso, wie Du es bei Deinem eigenen Vorgesetzten analysiert hast, musst Du auch Dir die Frage stellen, ob Du harmonieorientiert oder doch eher distanziert bist und ob Du tendenziell Ordnung oder doch lieber Chaos bevorzugst.

Eine gute Möglichkeit, sich mit der eigenen Persönlichkeit auseinanderzusetzen, ist herauszufinden, welche der 5 inneren Antreiber von Eric Berne aus der Transaktionsanalyse Du hast. Nähere Infos dazu und jede Menge Selbsttests findest Du im World Wide Web, wenn Du in einer Suchmaschine Begriffe wie beispielsweise „Innere Antreiber Selbsttest" eingibst.

Natürlich reicht es nicht aus, die Ziele einmal zu kommunizieren und dann nie wieder zu erwähnen. Sie sind der rote Faden, an dem Führung hängt. Setze daher ein entsprechendes Reporting auf, in dem übersichtlich dargestellt ist, wie der aktuelle Stand der Zielerreichung ist und besprich es regelmäßig mit Deinen Mitarbeitern. Jeder in Deinem Team sollte bei den wichtigsten Teamzielen den aktuellen Stand wissen, wenn er dazu befragt wird. Jedem einzelnen sollte dieser Erreichungsgrad auch entsprechend wichtig sein.

Hier schließt sich wieder der Kreis. Denn das gelingt nur dann, wenn Du nicht an Deinem Team vorbeiplanst und in den Zielen auch berücksichtigst, was für die Mitarbeiter wichtig ist bzw. ihnen die Wichtigkeit der Erreichung auch kommunizierst.

Selbstverständlich sollten sich diese übergeordneten Ziele auch in den Einzelzielen des Mitarbeiters wiederfinden. Es ist natürlich komplett sinnlos, Teamziele festzulegen, wenn die Einzelziele überhaupt nichts damit zu tun haben oder im schlimmsten Fall noch im genauen Gegenteil dazu stehen.

Die Kommunikation der Ziele sollte sich nicht nur auf Deine persönlichen Ziele beschränken. Es ist wichtig, den Mitarbeitern auch die übergeordneten Unternehmensziele zu zeigen und ihnen die Wichtigkeit und den Grund für diese Zielsetzungen näherzubringen.

Oft hat die Geschäftsführung ihre aktuellen Ziele vielleicht bereits auf einer Jahreskonferenz oder ähnlichen Veranstaltung bekanntgegeben. Das ist aber nicht genug. In Deiner Funktion als Führungskraft bist Du in dem Fall das Wörterbuch „Geschäftsführung – Deutsch“ für Dein Team. Du musst also Worte finden, die Deine Mitarbeiter verstehen und die Zusammenhänge so erklären, dass sie auch in ihrer jeweiligen Funktion einen Sinn sehen, an diesen Zielen mitzuarbeiten. Nicht nur das, Du musst ihnen auch noch die Wichtigkeit näherbringen, damit sie an diesen Zielen mitarbeiten wollen.

Langer Rede kurzer Sinn: Mitarbeiter sind immer dann motiviert, wenn sie in ihrem Tun und Handeln eine entsprechende Sinnhaftigkeit und Wichtigkeit erkennen!

Wenn Du nicht genau weißt, in welcher Form Du Deine Ziele so kommunizieren kannst, dass sie auch jeder versteht, halte Dich im Zweifelsfall immer an die berühmte 6-W-Formel, mit der auch Journalisten ihre Artikel schreiben.

Dabei geht es einfach darum, die folgenden W-Fragen zu beantworten:

- Was? Im Sinne von: was soll erreicht werden?
- Wer? Beispielsweise: von wem kommt das Ziel? Abteilung, Unternehmensführung,...
- Wie? Mit welchen Mitteln soll das Ziel erreicht werden? Was sind entsprechende Teilziele und Maßnahmen für den Einzelnen?
- Wann? Bis wann soll das Ziel erreicht werden und wann starten wir damit?
- Wo? Welche Unternehmensbereiche sind betroffen?
- Warum? In welchem Zusammenhang steht das Ziel zum Gesamterfolg des Unternehmens? Was passiert, wenn wir das Ziel erreichen bzw. was passiert, wenn wir es nicht erreichen?

Auch zuerst mal nach dem Warum fragen.

Fehler #5: Du willst ab sofort alles anders machen!

Diesen Fehler kennst Du wahrscheinlich, weil die meisten von uns in der umgekehrten Position schon einmal davon betroffen waren: Du hast in einem Team oder in einer Abteilung gearbeitet, Deine alte Führungskraft ist gegangen, weil sie beispielsweise in eine andere Position befördert wurde und nun kommt ein neuer Chef, der sofort frischen Wind in den Laden bringen möchte.

Statt dem trägen alten Ochsen kommt jetzt ein junger Stier, der den alten Kühen einmal so richtig zeigen möchte, wo der Hammer hängt und der es, jetzt wo er endlich die Gelegenheit dazu bekommt, allen zeigen möchte, wie man so einen Job wirklich erledigt.

Falls Du jemals in dieser Situation warst: was hast Du Dir über den neuen Chef gedacht? Wahrscheinlich so etwas wie „er wird sich schon beruhigen, wenn er erst einmal erkannt hat, wie der Laden hier läuft" oder „soll er sich eben seine Hörner abstoßen" oder „das könnte bitter für ihn enden"!

Diese Vorgehensweise ist nicht nur unüberlegt und dumm, sondern auch eine komplette Respektlosigkeit allen Vorgängern, der eigenen Führungskraft und seinem neuen Team gegenüber. Denn mit diesen Handlungen mache ich ja nichts anderes, als alle anderen darauf hinzuweisen, was für Tölpel sie doch sind und wie sie bereits seit Jahren diesen Laden ins Verderben führen.

In manchen Ausgangssituationen mag diese Ansicht sogar durchaus richtig sein, doch auch in diesen Fällen bringt es erst einmal gar nichts, das auch dem kompletten Umfeld auf die Nase zu binden.

Behutsamkeit ist am Anfang gefragt. Niemand erwartet von Dir, dass Du Deine Ziele innerhalb der ersten drei Tage erreichst. Mit den Inhalten aus den ersten vier Fehlern ist die Vorgehensweise ohnehin schon geklärt: sieh Dich einmal um, mach Dir ein Bild von allem, rede mit Deinem Vorgesetzten, rede mit Deinen Mitarbeitern, überlege Dir dann, wo der Schuh drückt und was Du verbessern möchtest, setze Dir die entsprechenden Ziele dazu und kommuniziere diese Ziele dann in aller Ruhe an Dein Umfeld.

Nur dann kannst Du nämlich auch fundiert begründen, warum Du etwas ändern willst oder warum es Dir so wichtig ist, ein oder mehrere bestimmte Ziele zu erreichen.

- Gehe also bitte nicht am ersten Tag in das Büro Deiner Mitarbeiter und gib ihnen die neue Sitzordnung bekannt.

- Ändere nicht in der ersten Woche die seit Jahren bestehende Pausenregelung Deines Teams, auch wenn Du der Meinung bist, dass sie verbesserungswürdig ist.
- Sage Deinen Leuten nicht in den ersten 14 Tagen, dass das vorhandene Bestellformular, das sie im Einsatz haben, ineffizient ist und lege ihnen ein neues hin, ohne mit ihnen vorher darüber gesprochen zu haben.
- Gründe im ersten Monat kein neues Projekt, das zum Ziel hat, die alte Kundenverwaltungssoftware, die das Unternehmen seit Jahren im Einsatz hat, in den nächsten sechs Monaten abzulösen.
- Gehe in den ersten zwei Monaten nicht zu Deinem neuen Chef und lege ihm ein Organigramm mit einer neuen Teamstruktur vor, mit dem seine Mannschaft besser funktionieren würde.

Ja, Du hast wahrscheinlich bemerkt, dass ich hier ein paar Beispiele mit bewusster Übertreibung gewählt habe, weil ich Dir einfach die Unsinnigkeit solcher Maßnahmen verdeutlichen will. Aber auch, wenn die Maßnahmen nicht so drastisch ausfallen wie in den Beispielen, sind sie jedes Mal kleine Nadelstiche für Deine Mitarbeiter oder Deinen Chef.

Vielleicht ist das Bestellformular eine Herzensangelegenheit von Frau Müller gewesen und sie hat das Formular vor drei Monaten neu entworfen und ist von allen Seiten dafür gelobt worden? Stelle Dir nun vor, was sie von Dir hält, wenn Du es ohne die genaue Story darüber zu kennen, einfach wieder abschaffen willst.

Vielleicht ist die Kundenverwaltungssoftware wirklich der letzte Mist und Du hast das schon in den ersten Tagen sehr gut erkannt. Aber was hilft Dir das, wenn Frau Berger aus dem Vorstand mit dem Chef der Software-Firma verheiratet ist? Du hast sicher einen Riesenstein im Brett bei ihr, wenn sie aus der IT-Abteilung erfährt, dass da jemand die Existenz ihres Mannes zerstören möchte.

Sei in den ersten Tagen und Wochen also kein junger Stier, sondern versuche eher, wie ein schlauer Fuchs zu agieren. Einer, der sich alles in Ruhe ansieht und beobachtet und seine Erkenntnisse daraus ableitet, um dann alles im Griff zu haben und vorbereitet zu sein, wenn es wirklich ernst wird.

In der Praxis bedeutet das für Dich: natürlich sollst Du diese Phase des Neuankommens nützen, um Schwächen zu erkennen. Du hast gegenüber den anderen den Riesenvorteil, dass Du noch nicht betriebsblind bist. Schon in ein paar Monaten hast Du diesen Vorteil verloren. Mach Dir also Notizen und schreibe Dir alles auf, was Dir auffällt. Das ist zwar zu Beginn mühsam, doch wenn Du diese Notizen in einem halben Jahr oder Jahr ansiehst, wirst Du Dich wundern, was Dir damals alles aufgefallen ist. Das ist genau dann Dein Ideenpool, wenn Du Deine ersten Ziele erreicht hast und dann vielleicht keine Ahnung hast, was Du noch angehen solltest.

Zusammengefasst: wenn Du Dich nicht sofort unbeliebt machen und auf Widerstand Deiner Mitarbeiter stoßen möchtest, dann bringe ihnen zunächst einmal die Wertschätzung entgegen, die sie für ihre bisherige Arbeit verdienen und höre ihnen zu. Dadurch lässt Du ihnen auch Anerkennung zukommen und in diesem Zustand fällt es ihnen mit Sicherheit leichter, gemeinsam mit Dir zu überlegen und zu besprechen, wo es Optimierungspotential gibt. So fühlen sie sich in den kompletten Prozess eingebunden und werden sich auch damit identifizieren.

Oder noch kürzer zusammengefasst: Lass Dein Superman-Kostüm am ersten Tag bitte zuhause!

Fehler #6: Du willst vorhandene Probleme sofort lösen!

Dieser Fehler klingt zunächst so ähnlich wie Fehler Nummer 5 „Du willst ab sofort alles anders machen". Doch es ist etwas anderes damit gemeint.

Während es bei Fehler Nummer 5 eher darum geht, ungestüm und ohne Rücksicht auf Verluste zu agieren und somit Dein komplettes Umfeld zu verstören und zu verärgern, passiert bei Fehler Nummer 6 das genaue Gegenteil: Du versuchst, Probleme zu lösen, weil Du damit billige Popularitätspunkte sammeln möchtest, indem Du es einfach allen recht machst.

Ein Beispiel: ein Mitarbeiter von Dir kommt am dritten Tag zu Dir ins Büro und erklärt Dir, dass er gerne an einem anderen Platz im Büro sitzen möchte. Das sei auch gar kein Problem, da dieser Platz im Moment ohnehin frei ist und so könnte er ja einfach auf den freien Platz übersiedeln. Du denkst Dir: „na gut, ist ja nicht viel dabei und wenn es ihm dann besser geht, dann soll er eben auf den freien Platz übersiedeln!". Er geht zufrieden aus Deinem Büro und beginnt mit der Übersiedelung. Sehr gut, Problem gelöst Du kleiner Held und Karma-Punkte gesammelt!

Wirklich? Nur zum Teil! Denn wie Du nun selbst aus Deinem Büro kommst, sind drei Augenpaare auf Dich gerichtet, die Dich finster ansehen. Warum? Weil nun der Kollege, der sehr schlampig ist und alles auf den umliegenden Schreibtischen ablegt und dazu noch sehr laut bei Kundengesprächen telefoniert, genau in ihrem Zentrum sitzt. Vielleicht hättest Du also doch eher die Gesamtsituation betrachten sollen, bevor Du Dir diesen „Quick Win" gesichert hast.

Das ist jetzt nur ein winzig kleines Beispiel und eine von vielen Möglichkeiten, gleich am Anfang eine Entscheidung zu treffen, die weitreichendere Konsequenzen haben könnte, als Du Dir in einer unüberlegten Minute hättest vorstellen können. Viele Mitarbeiter haben vielleicht nur auf den Moment gewartet, den „Neuen" kalt zu erwischen.

Am Ende stehst Du schlecht da, obwohl es im Grunde genommen Deine Intention war, jemandem einen Gefallen zu tun. Für diese Vorgehensweise sind vor allem Personen anfällig, die schwer Nein sagen können und deren Antrieb es ist, es möglichst allen Menschen recht zu machen. Solche Leute machen das meistens nicht aus einer guten Laune heraus, sondern weil es ihnen wirklich wichtig ist, wie es den anderen Menschen geht. Nur leider vergessen sie eben oft dabei, dass eine Entscheidung auch bewirken kann, dass es zwar nun einem Mitarbeiter damit sehr gut geht, drei anderen aber vielleicht viel schlechter.

Vor allem hat das aber noch einen anderen fatalen Hintergrund: wenn man immer will, dass es allen anderen gut geht, dann bleibt man meistens auch selbst auf der Strecke und es geht einem selbst nicht gut damit. Dieser Kreislauf wird nie aufhören: die Leute werden immer mehr von Dir wollen und Du wirst immer wieder den Drang verspüren, es ihnen wieder recht zu machen, damit Du Dich in Deiner Beliebtheit sonnen kannst. Diese Beliebtheit hat einen hohen Preis: sie wird Dich über kurz oder lang zur Erschöpfung, oder wie man es neudeutsch so schön nennt, ins Burnout führen. Am Ende bist Du also ausgelaugt und hast trotzdem nicht den Erfolg, den Du Dir gewünscht hast.

Falls Du anfällig für so eine Vorgehensweise bist, dann ist zunächst eine Lektion ganz wichtig: Du musst lernen, Nein zu sagen. Am Anfang wird Dir das zwar körperliche Schmerzen bereiten, weil Du es nicht gewöhnt bist, doch mit der Zeit wird es Dir immer besser damit gehen.

Nein sagen kann man tatsächlich lernen. Es gibt ein paar Aspekte, die es auf jeden Fall erleichtern:

- Sag nicht immer gleich Ja, sondern nimm Dir erst einmal eine Bedenkzeit. So ist es nicht mehr so leicht, Dich zu überrumpeln und Du schaffst Dir eine kurze Nachdenkpause, in der Du nicht mehr ausschließlich von Deinen Gefühlen geleitet wirst.
- Wahrscheinlich hast Du den Eindruck, dass es einfach brutal ist, Nein zu sagen und Du kommst Dir dabei vor, wie der Imperator des römischen Reiches. Es gibt ein paar Dinge, die die Brutalität Deines Neins abfedern:
    - Begründe, warum Du so entschieden hast (aber rechtfertige Dich nicht dafür!).
    - Zeige Verständnis für die Situation des Fragenden (aber bleib trotzdem standhaft!).

    - Bedanke Dich für Vorschläge (aber lehne Sie trotzdem ab!).
    - Mach ein gutes Gegenangebot.
- Versuche, die Strategien zu durchschauen: Überrumpelung, Mitleidstour, Auslösung von Schuldgefühlen, Druck, kleine Erpressungen. Glaube mir: es gibt in jedem Team Leute, die diese ganze Klaviatur beherrschen.
- Überlege Dir genau, was Dein „Ja" kostet. Die Währung kann dabei ganz unterschiedlich sein: Zeit, Energie, Kraft, Stress, Ärger und vieles mehr. Und das nur, weil Du Dich einen Moment lang nicht beherrschen konntest.
- Du bist kein schlechter Mensch, wenn Du „Nein" sagst, also erlaube es Dir. Im Gegenteil, das Spiel läuft ungefähr so: wenn Du immer Ja sagst und einmal Nein, dann wird es Dir negativ ausgelegt. Sagst Du aber tendenziell sehr oft Nein, ist ein Ja von Dir viel mehr wert und Du wirst für dieses Eine, aber entscheidende Ja wesentlich mehr geschätzt.

Also: bleib standhaft, höre Dir erst einmal alles an und mache Dir selbst einen Eindruck von den Dingen, die um Dich herum passieren. Höre Dir auch andere Meinungen dazu an, nimm Dir eine Bedenkzeit, bevor Du eine Entscheidung triffst und bleib standhaft, wenn Du jemandem einen Standpunkt kommuniziert hast. Nur so wirst Du auf lange Zeit auch die entsprechende Anerkennung von Deinen Mitarbeitern bekommen. Eine Führungskraft, die zu jedem Vorschlag Ja und Amen sagt, ist keine Führungskraft, sondern eine Marionette.

Fehler #7: Du belässt alles beim Alten!

Jetzt habe ich Dir die ganze Zeit eingetrichtert, dass Du nicht sofort alles ändern und gleich alle Probleme lösen sollst und dann erzähle ich Dir, dass es aber auch ein Fehler wäre, wenn Du alles beim Alten belässt.

Nun wirst Du Dich wahrscheinlich fragen, was denn nun die richtige Vorgehensweise ist.

Das ist natürlich immer abhängig von der Ausgangssituation. Manchmal kommt man zu Teams, bei denen wirklich alles sehr gut funktioniert und man denkt sich, man lässt am besten alles so weiterlaufen und in anderen Situationen möchte man lieber heute als morgen alles umkrempeln.

Angenommen, Du kommst nun in so ein Team, in dem alles sehr gut funktioniert. Auch Dein neuer Chef hat Dir gesagt, dass im Grunde genommen alles gut läuft und bei den Gesprächen mit den Mitarbeitern hast Du auch so ein Bauchgefühl dafür bekommen, dass das Klima fantastisch ist und jeder gerne hier arbeitet.

Was würde also näher liegen, als den Dingen ihren Lauf zu lassen und erst einmal alles so zu belassen, wie es gerade ist?

Darauf gibt es eine einfache Antwort: das Gute ist der Feind des Besseren!

Zufriedenheit entsteht oft durch Bequemlichkeit und nur weil Dinge bequem sind, heißt es noch lange nicht, dass sie sehr gut funktionieren. Solche Situationen entstehen oft, wenn Dein Vorgänger schon sehr lange in seiner Position war und es schon seit langer Zeit keine Veränderungen mehr in dem Bereich gegeben hat. Jeder hat sich seinen entsprechenden Freiraum und seine Komfortzone geschaffen, in der es sich gut arbeiten lässt.

Das ist eine sehr gefährliche Ausgangssituation. Denn hier musst Du den Dingen selbst auf den Grund gehen und sehen, wo die Schwachstellen liegen. Schwierig wird es vor allem, wenn Du gewünschte Änderungen mit Deinen Mitarbeitern besprichst. Denn sie werden nicht gerade begeistert darüber sein, dass Du sie aus ihrer Komfortzone herausholen möchtest.

Niemand ist im ersten Moment von Veränderungen begeistert. Menschen sind Gewohnheitstiere und zufrieden damit, wenn alles seinen gewohnten Gang geht. Veränderungen werden dabei oft als Gefahr und Verschlechterung des aktuellen Zustands gesehen. Daher ist es umso wichtiger, diese gewünschten Änderungen mit den Mitarbeitern zu besprechen und ihnen Argumente zu liefern, in denen sie auch den Vorteil für sich selbst und die Verbesserungen erkennen können.

Nicht umsonst gibt es hochbezahlte Berater, die sich mit nichts anderem als dem Thema „Change Management" beschäftigen.

Wie kann man nun aber seine Mitarbeiter aktiv in diese Change-Prozesse einbinden? Hier gibt es ein paar Faktoren, die dabei eine wichtige Rolle spielen:

- Der Wandel kann nur gelingen, wenn er von den betroffenen Mitarbeitern akzeptiert und unterstützt wird. Das gelingt am besten, wenn man „Betroffene" zu „Beteiligten" macht und entsprechende Initiativen schafft.
- Bei diesen Initiativen müssen die „Beteiligten" einen entsprechenden Freiraum haben, um kreativ sein und eigene Ideen entwickeln zu können. Wenn die Mitarbeiter ihre Veränderungen größtenteils selbst entwickeln, dann kann man auch davon ausgehen, dass sie sie im Tagesgeschäft auch entsprechend mittragen und umsetzen.
- In jedem Team gibt es auch unter den Mitgliedern eine Hierarchie. Wichtig ist also, die Meinungsbildner im Team zu kennen und genau diese von den Vorteilen der Change-Prozesse zu überzeugen. Binde also vor allem diese Mitarbeiter verstärkt in entsprechende Projekte ein.

Ich möchte Dir nichts vormachen: wenn Du in einen Führungsjob kommst, in dem Zufriedenheit das vorherrschende Gefühl ist, dann hast Du einen harten Weg von Dir. Der Weg ist gepflastert mit Konflikten, weil Deine Mitarbeiter alles unternehmen werden, um den Status Quo zu erhalten.

Wichtig dabei ist, mit diesem Widerstand konstruktiv und produktiv umzugehen, denn so kann die Skepsis leicht ausgeräumt werden. Du musst Deinem Team klar machen, dass es kein Selbstzweck für Dich ist, Veränderungen herbeizuführen, sondern dass Du damit ein konkretes Ziel verfolgst. Am besten ist, Du machst ihnen anhand konkreter Beispiele klar, wie gefährlich es ist, nicht in regelmäßigen Abständen Neuerungen und Innovationen anzudenken, um so nicht eines Tages vom Wandel überrollt zu werden.

Beispiele gefällig? Da habe ich ein paar für Dich:

- Nokia hätte sich wohl in den 90er Jahren auch nicht gedacht, dass sie so schnell vom Thron des Mobilfunkmarktes gestoßen werden. Das Unternehmen hat sich auf seinen Lorbeeren ausgeruht und entscheidende Entwicklungen unterschätzt und verschlafen.
- Die ganze Hotellerie-Branche wurde von Unternehmen wie AirBnB, bei denen Menschen die Möglichkeit haben, ihre Wohnung oder einzelne Zimmer zu vermieten, überrumpelt und versucht nun, mit Marktregulierungen und Beschränkungen darauf zu reagieren.
- In Deutschland und Österreich war der Aufschrei groß, als sich der Chauffeur-Dienst Uber aus den USA daranmachte, den Markt auch in diesen Ländern zu erobern. Die entsprechenden Interessensvertretungen der Taxi-Unternehmen versuchten sofort, Gesetze zu ändern anstatt auf die Konkurrenz zu reagieren.
- MySpace und StudiVZ haben im Grunde genommen nichts anderes gemacht als Facebook und waren schon vorher am Markt. Dennoch haben sie sich vom Mitbewerber einfach rechts überholen lassen und zu spät darauf reagiert.
- Bevor ebay den Auktionsmarkt erobert hat, gab es in vielen Ländern nationale Player, die sehr erfolgreich

tätig waren. Und wo sind sie heute? Sie haben geglaubt, sie können immer so weiter machen wie bisher und ihr Erfolg wird ewig andauern. Hat nicht funktioniert...

- In der Autobranche zeichnen sich gerade ähnliche Entwicklungen ab: Elektroautos und andere alternative Antriebsformen werden immer wichtiger und große Player sind dabei, diese Entwicklung zu verschlafen, weil sie sie massiv unterschätzen. Manch einer lacht vielleicht heute noch, wenn ein Tesla-Motor Feuer fängt, aber jeder dieser Fehler macht Tesla schlauer und besser...
- Ganze Staaten verschlafen Entwicklungen, weil sie ihre Budgets dafür aufwenden, bestehende Systeme zu erhalten, statt entscheidende Einschnitte rechtzeitig vorzunehmen und beispielsweise in innovative Schulsysteme oder in Forschung und Entwicklung zu investieren. Ich, als Österreicher, kann ein Lied davon singen und muss jeden Tag mit ansehen, wie in meinem Land Entwicklungen verschlafen werden, während Länder wie beispielsweise Südkorea oder Israel einen Gutteil des Budgets für Forschung verwenden. Vor allem skandinavische Länder versuchen, mit innovativen Schulsystemen die Basis für Weiterentwicklung zu schaffen.

Zusammengefasst: es ist schön, wenn alles gut läuft, aber lass Dich davon nicht blenden. Was gestern gut war, muss heute nicht mehr funktionieren. Die guten Ideen von heute werden von den besseren Ideen von morgen abgelöst. Sei also auf der Hut und verschlafe keine Entwicklungen. Agiere, und gebe Entwicklungen und reagiere nicht erst dann auf Veränderungen, wenn es schon zu spät ist.

Fehler #8: Du machst Dir keine Gedanken über Deine Stakeholder!

Du hast mit Deinem Vorgesetzten alle Erwartungen abgeklärt und Dich auch schon um jeden einzelnen in Deinem Team gekümmert. Damit bist Du schon auf einem sehr guten Weg. Was Du allerdings nicht außer Acht lassen solltest: Dein Team ist keine isolierte Einheit, das unabhängig von seiner Umgebung und seinem Umfeld funktioniert.

Da draußen gibt es noch ein paar Leute, die daran interessiert sind, was Du vorhast und wie Du arbeitest. Nennen wir sie einfach einmal Deine „Stakeholder". Das sind jene Personen, die ein berechtigtes Interesse am Verlauf beziehungsweise am Ergebnis Deines Teams haben.

Viele Führungskräfte sind genau deshalb nicht erfolgreich, weil sie diesen Personen zu wenig Aufmerksamkeit schenken. Wer können denn nun solche Stakeholder für Dich sein? Das kommt natürlich ganz darauf an, in welchem Unternehmensumfeld Du Dich bewegst und welchen Auftrag Du hast. Ganz allgemein kannst Du Dir dazu ein paar Fragen stellen:

- Wer hat Einfluss auf den Erfolg meines Vorhabens?
    - Wie viel Macht haben die jeweiligen Personen, die Einfluss nehmen können?
- Wo finden sich Abhängigkeiten in meinem Team?
- Wer ist erfolgskritisch für mich?
    - Welches Interesse haben diese Leute?
    - Wie kann ich diese Interessen berücksichtigen?
- Welche Leute im Umfeld findet mein Chef wichtig?

Mögliche Stakeholder können beispielsweise sein:

- Wichtige Kunden: oft haben Kunden einen sehr großen Einfluss darauf, was in einem Unternehmen passiert. Vielleicht ist der Kunde ein persönlicher Freund eines Mitglieds aus der Geschäftsführung oder die Umsätze sind so beträchtlich, dass ein Wegfall existenzbedrohend für das Unternehmen sein kann. Die Macht von wichtigen Kunden solltest Du also niemals unterschätzen. Und letztendlich sind es ja auch genau die Kunden, für die Du Deinen Job gut machen willst.
- Der Betriebsrat: der Einfluss des Betriebsrates ist in Unternehmen sehr unterschiedlich. Manchmal kann es vorkommen, dass der Betriebsrat auch in Prozessen und Projekten, für die Du verantwortlich bist, ein Mitspracherecht fordert. Das ist meistens dann der Fall, wenn sich für Deine Mitarbeiter etwas ändert. Vielleicht willst Du die Servicezeiten und damit verbunden auch die Arbeitszeiten Deiner Mitarbeiter ändern. Dann solltest Du Dir schon vorher passende Argumente und eine gute Strategie überlegen, wie Du für Dein

Vorhaben auch den Betriebsrat ins Boot holst. Meine persönliche Erfahrung: mache es frühzeitig, denn niemand mag es, vor vollendete Tatsachen gestellt zu werden. Die Gefahr einer Trotzreaktion ist dann sehr groß und Du kannst alles knicken.

- Lieferanten: je nach Aufgabe können auch die Lieferanten eine entscheidende Rolle spielen. Grundsätzlich sollte man meinen, dass man als Käufer bzw. Kunde am längeren Ast sitzt, aber in einigen Fällen ist es auch umgekehrt. Beispielsweise wenn es nur einen Lieferanten für ein benötigtes Produkt oder einen benötigten Rohstoff gibt oder wenn es einen entscheidenden Wettbewerbsvorteil bringt, Produkte eines Lieferanten zu vertreiben. Pflege also auch eine gute Beziehung zu Deinen Lieferanten.
- Andere Fachabteilungen im Unternehmen: das geht in beide Richtungen. Du wirst von anderen Abteilungen fordern, dass Du von gewissen Dingen informiert oder in die Entscheidungsfindung mit einbezogen werden willst, weil diese Entscheidungen großen Einfluss auf die Arbeit in Deinem Team haben. Umgekehrt wird Dir das natürlich genauso passieren. Es ist von Vorteil, wenn Du hier nicht darauf wartest, dass die Leute auf Dich zukommen, sondern Du bereits im Vorfeld aktiv auf andere zugehst, sie von Deinen Vorhaben informierst und Dich regelmäßig mit ihnen abstimmst.
- Qualitätsmanagement: wenn es im Unternehmen eine eigene Fachabteilung oder eine eigene Person gibt, die sich ausschließlich mit dem Thema Qualität beschäftigt, dann ist es natürlich auch hier erforderlich, geplante Veränderungen abzustimmen. Sieh das nicht als lästige Pflicht, sondern eher als Chance, mit einem Experten über die geplante Veränderung zu sprechen, der

vielleicht wichtige Inputs dazu hat, wie es vielleicht noch besser funktionieren könnte.

- Projektleiter: auch das geht natürlich wieder in beide Richtungen. Einerseits wirst Du von Projektleitern erwarten, dass Sie Dir Bescheid geben, wenn Projekte Einfluss auf die Arbeit in Deinem Team nehmen, andererseits werden es auch Projektleiter zu schätzen wissen, wenn Du sie frühzeitig in geplante Veränderungen einweihst, die möglicherweise auch ihr Projekt betreffen. Diese frühzeitige Abstimmung hat den Vorteil, dass sich auch Synergien ergeben können, weil vielleicht ein Teil der Arbeit auch im Projekt vorgenommen werden kann.
- Personalabteilung/HR: Abmahnungen, Kündigungen, lange krankheitsbedingte Ausfälle, Neueinstellungen,...die Liste der Themen, die Du mit HR abstimmen musst, ist sehr lange. Auch hier variiert der Einfluss natürlich. In manchen Unternehmen ist es Usus, alles selbst zu erledigen, während andere HR-Abteilungen schon verstimmt sind, wenn Du sie über geplante Mitarbeitergespräche nicht informierst. Am besten ist, Du klärst im Vorfeld die gewünschten Modalitäten einfach ab.

Je nach Auftrag kommen natürlich noch fachspezifische Personen und/oder Abteilungen dazu. Wichtig ist deshalb, dass Du Dir auch über die Kommunikationspolitik Gedanken machst, oder einfach ausgedrückt: wie Du die Stakeholder darüber informierst, was in Deinem Team passiert.

Dazu zählen Reports, Statusberichte, der Intranet-Auftritt Deines Teams bzw. Deiner Abteilung, persönliche Kommunikation, E-Mails, Telefonate, etc.

Zusammengefasst: Abhängigkeiten bestehen nicht nur innerhalb Deines Teams, sondern auch über die Teamgrenzen hinaus. Analysiere also in einem ersten Schritt genau Dein Umfeld und überlege Dir bei jedem Stakeholder, was er von Dir erwartet, wie Du mit diesen Erwartungen umgehen möchtest und welche Form der Kommunikation Du wählst.

Fehler #9: Du konzentrierst Dich zu stark auf operative Details!

Vom Mitarbeiter, der es gewöhnt ist, alles selbst zu machen, zur Führungskraft, die viele Aufgaben an Mitarbeiter delegieren und darauf vertrauen muss, dass sie zufriedenstellend erledigt werden, ist es ein weiter Weg.

Gerade für Personen, die aus einer Fachposition in eine Führungsposition aufrücken, ist es sehr verlockend, sich mit Dingen zu beschäftigen, die man gut kann. Was liegt also näher, als sich in seine alten Aufgaben zu flüchten? Klar, darin kennt man sich aus und befindet sich sozusagen in der Komfortzone, nur bringt es Dich leider keinen Schritt weiter.

Im Gegenteil! Kannst Du Dich an Vorgesetzte erinnern, die sich übermäßig in Deine Tätigkeit eingemischt haben, weil es vorher selbst deren Job war und die deshalb auch immer alles besser wussten, als man selbst? Falls Du es noch nicht erlebt hast – ich hatte schon das Vergnügen und kann Dir nur sagen: der blanke Horror!

Mit Deiner neuen Aufgabe musst Du einfach lernen, ein wenig abzuheben. Mir gefällt der Begriff „Flughöhe" in diesem Zusammenhang immer sehr gut. Während Du als produktiver Mitarbeiter noch fast über dem Boden geflogen bist und alles genau erkennen konntest, musst Du nun ein wenig höher in die Luft steigen. Und zwar so weit, dass Du den gesamten Zusammenhang überblicken kannst. Wenn Du jetzt noch ein wenig weiter nach oben siehst, dann kannst Du wahrscheinlich Deinen Vorgesetzten erkennen, denn er braucht noch ein wenig mehr Flughöhe. Zumindest, wenn er es richtig macht und alles überblickt.

Dieses „Loslassen" fällt manchmal schon sehr schwer. Aber wenn Du jemals als Führungskraft erfolgreich sein und Dich auf die für Dich wichtigen Dinge konzentrieren möchtest, dann ist es eines der ersten Dinge, die Du lernen musst.

Natürlich ist die Flughöhe auch immer davon abhängig, welche Art von Führungsposition Du bekommst. Manche Positionen sind sehr operativ ausgelegt und es wird sogar erwartet, dass Du teilweise noch im Tagesgeschäft selbst tätig bist. Andere Jobs haben fast ausschließlich eine strategische Ausrichtung. An dieser Stelle ist also wieder einmal ganz wichtig, dass Du die Erwartungen mit Deinem Vorgesetzten abgeklärt hast und weißt, was von Dir erwartet wird.

Die Konzentration auf operative Details wird auch oft als Mikro-Management bezeichnet. Sogenannte Mikro-Manager führen meistens mit übertriebener Detailorientierung und geben ihren Mitarbeitern ganz eng gesteckte und genaue Aufgaben und kontrollieren deren Einhaltung ganz genau. Oft neigen sie auch dazu, eine Hierarchieebene zu übergehen und Anweisungen direkt an Mitarbeiter aus der dritten Ebene zu geben. Überlege Dir, wie es Dir damit gehen würde, wenn Dein Chef die Anweisungen immer direkt an Deine Leute geben würde. Mit großer Wahrscheinlichkeit würdest Du Dich irgendwann überflüssig fühlen, oder?

Warum neigen aber überhaupt so viele Führungskräfte zu Mikro-Management? Da gibt es einige Gründe dafür:

- Zu wenige Rückmeldungen der Mitarbeiter (oder zumindest das Gefühl, zu wenige Rückmeldungen zu erhalten).
- Der Druck von Außen (Einhaltung von Unternehmenszielen, Normen, Kundenvorgaben,...) und damit verbunden
- die Verantwortung der Ergebnisse für das gesamte Team oder das gesamte Unternehmen.

Das hat natürlich kurz- und langfristig verheerende Auswirkungen auf die Arbeit im Team, wie zum Beispiel:

- Sinkende Motivation, weil die Mitarbeiter der Meinung sind, dass Du Ihnen nichts zutraust.
- Mitarbeiter fühlen sich in ihrer Eigenverantwortlichkeit sehr eingeschränkt und nutzen Freiräume auch dann nicht mehr, wenn sie einmal vorhanden sind. Die Kreativität leidet, eigene Ideen werden nicht mehr ausgesprochen.
- Durch die Kontrolle kommt es auch zur Verunsicherung und damit gefühlten Überlastung für die Mitarbeiter.

Es ist aber nicht nur für die Mitarbeiter selbst schlimm, sondern auch für Deine Performance als Führungskraft,

- weil Du dadurch sowohl von Deinen Mitarbeitern als auch von Deinen Vorgesetzten nicht mehr als kompetente Führungskraft wahrgenommen wirst.
- weil Du Dich selbst gestresst und überfordert fühlst, weil Du die vielen an Dich gestellten Aufgaben vermeintlich nicht bewältigen kannst.
- weil Du in weiterer Folge frustriert bist, da Du die gesteckten Ziele nicht erreichst und die an Dich gestellten Anforderungen nicht erfüllst.

Wichtig ist also, sich einer ehrlichen Eigenanalyse zu unterziehen und sich zu fragen, in welchen Bereichen man sich besonders in die Aufgaben der Mitarbeiter einmischt. Genau in diesen Bereichen ist es wichtig, Deinen Leuten einerseits zu sagen, dass diese Aufgaben sehr wichtig für Dich sind, Du ihnen aber genug Vertrauen einräumst, dass sie diese Aufgaben auf ihre Weise zufriedenstellend erfüllen können.

Natürlich soll das auch kein Freibrief für Dein Team sein, weil es ja auch Deine Aufgabe ist, entsprechende Arbeitsleistung einzufordern. Die Kunst ist es hier einfach, die Balance zwischen dem nötigen Freiraum und der notwendigen Kontrolle zu finden und entsprechende Rückmeldung in Form von fairem und verständlichem Feedback zu geben.

Fehler #10: Du hast keinen Projektplan für die ersten 100 Tage!

Dieser Fehler ist im Grunde genommen nur ein Ausschnitt und ein Detail aus einem viel größeren Fehler: nämlich dem, dass Du überhaupt keinen Plan hast. Falls Du bisher in einem Team als Mitarbeiter tätig warst, dann bist Du damit vielleicht durchgekommen, weil sich andere Personen um das Große und Ganze gekümmert haben, doch die Zeiten sind jetzt vorbei. Jetzt bist Du für den Laden verantwortlich und daher solltest Du Dir immer genau überlegen, was Deine nächsten Schritte sind, um die Bude zu rocken.

Hinter Deinem Handeln muss eine klare Strategie erkennbar sein, ein roter Faden, der sich durch Deine Anweisungen zieht und der eine klare Handschrift in Deiner Führung erkennbar macht. Das führt dazu, dass Du damit das Vertrauen Deiner Mitarbeiter, Deines Vorgesetzten, Deiner Kunden und Deiner

Stakeholder gewinnst. Auf Basis dieses Vertrauens lässt es sich viel leichter miteinander kommunizieren und arbeiten.

Ein erster Schritt, in dem Du beweisen kannst, dass Du genau weißt, was Du vor hast, ist, Dir einen entsprechenden Projektplan für die ersten 100 Tage in Deinem neuen Führungsjob zu machen. Überlege Dir genau, was die wichtigsten Schritte sind und mit wem Du in welcher Reihenfolge welche Dinge abklären möchtest.

Wenn Du bis hierher alles gelesen hast, dann wird es Dir wahrscheinlich ohnehin nicht mehr schwer fallen, diesen Plan alleine zu entwerfen, da durch die Vermeidung der besprochenen Fehler die wichtigsten Meilensteine ohnehin auf der Hand liegen. Dazu kommen natürlich noch jobspezifische Details, die jedoch je nach Aufgabenstellung stark voneinander abweichen können und die Du natürlich auch berücksichtigen solltest. Doch im Wesentlichen hast Du bereits einen roten Faden an der Hand, wie Dein Weg und Deine ersten Handlungsschritte aussehen sollen.

Sollte Dir das jedoch immer noch zu wenig konkret sein, dann habe ich am Ende dieses Buches noch eine spezielle Überraschung für Dich, sozusagen einen „Hidden Bonus Track“, wie man das früher oft von CD´s kannte. Im Gegensatz zu den meisten Bonus Tracks, von denen die wenigsten wirklich gut waren, ist dieser hier ein echter Knaller: Du bekommst einen Musterprojektplan für Deine ersten 100 Tage als Führungskraft im neuen Job, den Du nach Bedarf anpassen kannst.

Der Projektplan für die ersten 100 Tage verfolgt mehrere Ziele:

- Er soll Dir Sicherheit beim Start in den neuen Job geben.

- Du bekommst eine Checklist, welche Schritte Du zu erledigen hast und siehst auf einen Blick, was Du bereits gemacht hast und was noch offen ist.
- Du schaffst es damit, nach spätestens 100 Tagen erste Anfangserfolge aufzuzeigen, die auf Deine Handschrift zurückzuführen sind. Die Stoßrichtung, in die es künftig gehen soll, wird klar erkennbar.
- Dein Umfeld vertraut Dir, weil alle erkennen, dass Du berechenbar bist und einen klaren Plan verfolgst.
- In weiterer Folge ist er Dein Begleiter für die ersten 6 bis 12 Monate. Wenn Du nach dieser Zeit auf Dein Team bzw. Deine Abteilung blickst, ist klar erkennbar, was sich geändert hat und was nun besser läuft.

Sichere Dir jetzt Deinen Projektplan für die ersten 100 Tage!

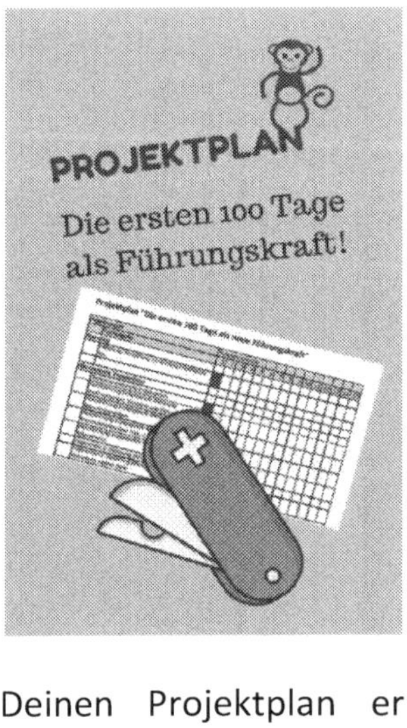

Deinen Projektplan erhältst Du unter http://www.martin-schmidt.at/projektplan/

Ich freue mich über Deine Bewertung!

Liebe Leserin, lieber Leser,

wir sind nun am Ende des Buches angelangt und ich hoffe, ich konnte Dir mit der Beschreibung der zehn größten Fehler für Führungskräfte einen guten Eindruck vermitteln, worauf es gerade in den ersten 100 Tagen im neuen Job ankommt und was man besser vermeiden sollte.

Es ist mir wichtig, anderen Leuten dabei zu helfen, genau diese Fehler zu vermeiden und ihnen somit einen sanfteren und schnelleren, erfolgreicheren Start zu ermöglichen, als ich ihn damals hatte.

Falls Dir das Buch gefallen hat, habe ich daher eine Riesenbitte an Dich: das beste Kompliment, dass Du mir machen kannst und den höchsten Preis, den Du mir für dieses Buch bezahlen kannst, ist eine positive Rezension auf Amazon.

Vielen Dank dafür!

Jetzt ebenfalls erhältlich: Die 10 größten Fehler neuer Führungskräfte Part 2

Mit der Zeit sind mir immer wieder weitere Führungsfehler eingefallen und ich habe mir des Öfteren gedacht, dass auch diese in dem Buch Erwähnung finden sollten.

Da ich mir damit aber viel Zeit gelassen habe, sammelten sich bereits so viele Fehler an, dass sie Inhalt für ein komplettes weiteres Buch bieten, die ich jetzt in einem zweiten Teil zusammengefasst habe:

Das Buch ist als E-Book und als Print-Ausgabe auf Amazon erhältlich.

Fokusgruppe Führung auf Facebook

Als Autor, Trainer und Coach ist mir der **Austausch mit anderen Personen**, die sich ebenfalls für das **Thema Führung** interessieren, extrem wichtig.

Aus diesem Grund habe ich die **Facebook Gruppe „Fokusgruppe Führung“** gegründet.

In dieser Gruppe kannst Du Dich **mit anderen Gruppen-Mitgliedern konstruktiv austauschen**, die in der gleichen Situation wie Du sind und daher auch **die gleichen Fragen, Sorgen und Probleme wie Du** haben.

Zusätzlich erhältst Du regelmäßig **Tipps & Tricks, best-practise-Beispiele und Insidertipps von namhaften Führungsexperten.**

Hier kannst Du Dich gleich anmelden:

https://www.facebook.com/groups/fokusgruppefuehrung/

Bis bald auf Facebook!

Martin

Printed in Germany
by Amazon Distribution
GmbH, Leipzig

16935262R00035